Der *Temple Expiatori de la Sagrada Família* – der Sühnetempel der Heiligen Familie– ist in der ganzen Welt berühmt und bestimmt völlig anders als die Kirchen, die du sonst kennst, nicht wahr? Du mußt wissen, daß der Bau gegen Ende des 19. Jahrhunderts, also vor vielen Jahren, auf einem damals ziemlich außerhalb gelegenen Gelände begonnen wurde und selbst heute noch nicht beendet ist, obwohl die Arbeiten jetzt ziemlich rasch voranschreiten. Die Sagrada Família ist Antoni Gaudís größtes Werk, an dem er fast sein ganzes Leben lang als Architekt gearbeitet hat. Diese Kirche ist im Laufe der Zeit eines der bedeutendsten Symbole von Barcelona und Katalonien geworden.

Die Stiftung und der erste Stein

Der Grundstein für den Tempel wurde am Josefstag 1882 gelegt, das ist lange her! Der Anstoß kam von Mitgliedern der Anhänger des Heiligen Josef, eine Gruppe von Bürgern aus Barcelona, unter dem Vorsitz von Josep Maria Bocabella, die es sich zum Ziel gesetzt hatten, eine der Heiligen Familie geweihte Kirche zu bauen, die nur aus Spendengeldern finanziert werden sollte.

Ursprünglich hatte die Vereinigung das Projekt dem Architekten Francisco de Paula Villar anvertraut, der -wie es damals üblich war- eine Kirche im neugotischen Stil entwarf. Als erstes wurde mit dem Bau der Krypta unter der Apsis, neun Meter unter dem Niveau der Provença-Straße, begonnen. Aber Villar trat bald zurück, weil es Unstimmigkeiten mit der Vereinigung über die zu verwendenden Baumaterialien gab. Zu dem Zeitpunkt, gegen Ende 1883, schlug der Architekt Joan Martorell einen damals erst einunddreißig Jahre alten Architekten an Villars Stelle vor: Antoni Gaudí.

Auf diese Weise wurde Gaudí der Architekt der Sagrada Família. Seine erste Aufgabe bestand darin, die Krypta zu beenden; sie wurde 1889 fertig und übertraf bei weitem das ursprüngliche Projekt. So schuf er zum Beispiel einen Graben um die Krypta herum, der das Tageslicht hereinließ und es später erlaubte, bunte Kirchenfenster einzusetzen. Weiterhin schuf er schöne Kapitelle mit Pflanzenformen und einen Mosaikboden, auf dem Trauben, Weinblätter und Vögel zu sehen sind. Auch entschied er, auf beiden Seiten der Krypta seien zwei große Wendeltreppen zu bauen, die den Zugang erlaubten und später weitergeführt dazu dienen würden, das Dach und die Türme der Kirche zu besteigen.

Ein neues Projekt

Zehn Jahre arbeitete Gaudí schon als Architekt der Sagrada Família, als eine anonyme Spende von fast 600.000 Peseten eintraf, die ihn zu dem Vorschlag bewegte, eine viel monumentalere Kirche zu bauen als ursprünglich vorgesehen, von der jeder Teil eine religiöse Bedeutung erhalten würde.

Er stellte sich eine Riesenkirche vor mit achtzehn Türmen in Pyramidenform. Der höchste, Jesus gewidmete Turm würde 170 Meter hoch (nur wenig niedriger als der Montjuïc-Berg) in der Mitte aufsteigen, umringt von vier 125 Meter hohen Türmen, den vier Evangelisten gewidmet, die das Leben Jesu aufgeschrieben haben. Und dahinter, umgeben von der Apsisfassade, die damals bereits im Bau war, würde sich der Turm von Maria, der Mutter Gottes, erheben.

Weiterhin plante er für die Kirche drei große Eingänge, drei Fassaden von 100 bis 120 Meter Höhe, jede mit vier Glockentürmen. Die erste Fassade würde die Geburt Jesu darstellen, die zweite die letzten Tage seines Lebens: Passion, Tod und Auferstehung. Und die Hauptfassade schließlich wäre der Gloria (Glorie, Herrlichkeit) und den Lehren, die Jesus uns Menschen gebracht hat, gewidmet.

Die zwölf Glockentürme sollten je einen der zwölf Apostel repräsentieren, die ersten Jünger und Gefährten Jesu. Gaudí schlug vor, aus einer Kirche mit einem einzigen, einhundert Meter hohen Turm eine Kirche mit achtzehn Türmen zu machen. Wie ihr euch denken könnt, war das ein schwerwiegender Schritt, denn die Bauzeit war nicht abzusehen!

Gaudí selbst erkannte die Komplexität des Ganzen und schlug vor, in Etappen zu bauen. Er würde mit einer Fassade, der Geburtsfassade, beginnen, die in wenigen Jahrzehnten fertig sein könnte. Seine Zeitgenossen würden den Abschluß der Bauarbeiten nicht erleben, aber viele doch eine Fassade beendet oder fast beendet sehen.

Die Vereinigung willigte ein, in Etappen vorzugehen: Es schien ein gutes System zu sein, um eines Tages ein Bauwerk solchen Ausmaßes beenden zu können, das sich rein aus Spenden finanzierte. So wurde die Sagrada Família in Barcelona mit den Jahren weltberühmt durch ihre Geburtsfassade, einen hundert Meter hohen Eingang in ein Gebäude ohne Dach!

Inzwischen war die in einem eleganten neugotischen Stil gehaltene Apsisfassade fertig geworden. Gaudí wollte sie mit der Fauna und Vegetation dekorieren, von der die Sagrada Família damals umgeben war, als dieser Stadtteil von Barcelona zum großen Teil noch aus Feldern bestand. Deshalb wählte er als Wasserspeier für den Regen eine Vielzahl von Tieren: es gibt Schnecken, Eidechsen, Kröten, Echsen, Schlangen, Frösche, Salamander. Und wenn ihr genau hinschaut, seht ihr in Stein gehauen auf den Strebepfeilern und den Spitzen in fünfzig Metern Höhe Halme und Pflanzen, die auf diese Weise in der Landschaft fortdauern, obwohl die Umgebung jetzt hauptsächlich aus Wohnhäusern besteht.

Um die Arbeiten an der Kirche besser überwachen zu können, richtete Gaudí sein Atelier direkt in der Sagrada Família ein, in einem Gebäude neben der Apsis. Es gab einen großen Saal für die Architekten und Zeichner; dort stand in einer Ecke sein Arbeitstisch. Iin einem hohen Raum nebenan ließ er die großen Projektmodelle für die verschiedenen Teile der Kirche konstruieren. Schließlich gab es einen Raum, in dem fotografische Studien der Skulpturen gemacht werden konnten, sowie ein Lager für die Modelle, die er für den Bau der Krypta, der Apsis und der Geburtsfassade verwendet hatte. In einer Schlafecke, die auf eine Terrasse hinausführte, stand ein Bett, das er benutzte, wenn das Wetter es ihm nicht erlaubte, seine Wohnung im Park Güell aufzusuchen. Hier verbrachte Gaudí in der Tat die letzten acht Monate seines Lebens.

Die Geburtsfassade

Im Jahre 1894 begann der Bau der drei großen Portale zwischen den vier Glockentürmen der Geburtsfassade.

Schaut euch einmal das Hauptportal an: in der Mitte seht ihr Maria, Josef und das Jesuskind unter dem Stern, auch Ochse und Esel fehlen nicht! Auf einer Seite beten die Hirten an, auf der anderen Seite die Heiligen drei Könige, begleitet von singenden und musizierenden Engeln. Vier Posaunen blasende Engel verkünden die Geburt Jesu, und weiter oben entdecken wir Vegetation und Tiere, die den Jubel des historischen Moments symbolisieren... Und auch die Tierkreiszeichen sehen wir, die im Dezember am Himmel von Palästina gegenwärtig sind: So können wir uns vorstellen, welche Sterne dort am Himmel standen, als Jesus geboren wurde. Noch weiter oben ist Mariä Verkündigung dargestellt: Der Erzengel Gabriel verkündet Maria, daß sie die Mutter Jesu wird.

Um die Kälte der Weihnachtszeit zu symbolisieren, umrahmte Gaudí die drei Eingangspforten mit Eiszapfen. Das Mittelportal mündet in einer Zypresse, das Nordportal in Ähren und Trauben, und das Südportal in einem Felsen, der den Wallfahrtsort von Montserrat, Schutzpatronin von Katalonien, symbolisiert.

Das Portal zur Meeresseite hin erzählt die Kindheit Jesu, mit dem Kindermord des Herodes, der Flucht der Heiligen Familie auf einem Esel nach Ägypten, Jesus mit seinem Vater Josef, der Hochzeit von Josef und Maria... Das Portal zur Bergseite hin zeigt den jungen Jesus bei der Schreinerarbeit und im Tempel unter den Lehrern, wo ihn seine Eltern finden. Weiter oben ist die Unbefleckte Empfängnis dargestellt.

Die Fassade ist außergewöhnlich -so voll von Elementen der Natur und Bildern, daß man fast das Gefühl hat, der Stein bewegt sich. Um die Skulpturen so lebendig erscheinen zu lassen, bediente Gaudí sich eines ganz konkreten Systems: das Formen nach der Natur. Er wählte einen Mann oder eine Frau, die ihm für die jeweilige Figur am geeignetsten erschienen, gab ihnen die gewünschte Haltung und nahm von ihnen ein Gipsnegativ ab. Mit der Gipsform konnte er dann eine Skulptur machen und diese den Steinmetzen übergeben, damit sie ihr die endgültige Form verliehen. Meistens ging er ebenso vor, wenn er Tiere und Pflanzen darstellen wollte. Für die Skulpturengruppe der Flucht nach Ägypten erstand er zum Beispiel von einer ambulanten Keramikverkäuferin einen Esel, der ihm Modell stehen mußte!

Gaudí widmet sich ausschließlich der Sagrada Família (1914-1926)

Gaudí war etwas über sechzig Jahre alt, als ihm bewußt wurde, daß sein Leben in andere Bahnen trat. Die großen Projekte, die ihn in früheren Jahren beschäftigt hatten, waren abgeschlossen oder aus verschiedenen Gründen stillgelegt. Mit einigen seiner Auftraggeber hatte es Unstimmigkeiten und Diskussionen gegeben. Die Sagrada Família hingegen gewährte ihm ein Gefühl der Freiheit: Hier konnte er seine Ideen in die Tat umsetzen. So beschloß er, den Rest seines Lebens der Kirche zu widmen. Hinzu kam, daß er jetzt allein war nach dem Tod seines Vaters

Es waren Jahre ausgefüllt mit viel Arbeit. Neben der Geburtsfassade widmete er sich der Pedrera, dem Park Güell und der Kirche für die Colònia Güell, und 1909 baute er die Schule auf dem Grundstück der Sagrada Família. Gaudí und der Gemeindepfarrer wollten den Kindern des Viertels und den Kindern der Bauarbeiter eine gute Erziehung ermöglichen. So entstand ein Projekt für ein kleines, dreiklassiges Schulgebäude aus einfachen Materialien, dessen Mauern und Dach trotz der zugrunde liegenden geraden Linien gewellt waren. Ein Gebäude allein garantiert jedoch noch nicht eine gute Schule. Gaudí und der Pfarrer kümmerten sich auch um gute Lehrer, die im Unterricht die modernste Pädagogik der damaligen Zeit anwendeten.

Nachdem er sich in den Pyrenäen von einer schweren Krankheit erholt hatte, zeichnete Gaudí 1911 das Atrium oder Portal der Passionsfassade.

(1906) und seiner Nichte (1912), die mit ihm im Park Güell gewohnt hatten.

In den folgenden zwölf bis vierzehn Jahren entwarf er in großen Gipsmodellen die Sakristei, das Hauptschiff und die Hauptfassade, auch Fassade der Gloria genannt, neben anderen, kleineren Teilen, wie den Kreuzgang oder die Himmelfahrtskapelle.

Bei der Geburtsfassade grübelte Gaudí lange nach über die Ausführung der Schlußstücke der Glockentürme. Wie immer bemühte er sich, die allerbeste Lösung zu finden, und in diesem Fall entdeckte er, daß der Stahlbeton, ein neues Material, ihm große Freiheit in der Schaffung

von Formen gab. Auf diese Weise entstanden die Formen und Farben der Spitzen, die wir heute sehen und die zu den außergewöhnlichsten Kunstschöpfungen des 20. Jahrhunderts gehören.

Und wie alles in Gaudís Werk haben auch die Schlußstücke eine Bedeutung: sie repräsentieren die Attribute, die einen Bischof kenntlich machen. Ganz oben die Mitra, die Kopfbedeckung bei wichtigen Feierlichkeiten. Auf der Mitra ist ein Kreuz abgebildet, und dahinter erscheint der Bischofsstab. Unter der Mitra gibt es den Bischofsring mit Projektoren, die später einmal das Kreuz auf dem Hauptturm anstrahlen werden. Das bunte Muranoglas (aus Venedig) –gelb, rot, golden, weiß–, das die Turmspitzen schmückt, hebt sich prächtig gegen den blauen Himmel ab.

Gaudí war sehr zufrieden mit dem Ergebnis, als am 30. November 1925 die Gerüste von der ersten Turmspitze abgenommen wurden, und noch mehr, als einer seiner Mitarbeiter, der Uhrenbauer, zu ihm sagte: „Wie schön!"

Wie ihr bereits wißt, verbrachte Gaudí die letzten zwölf Jahre seines Lebens in der Atelierswerkstatt der Sagrada Família, und in den letzten Monaten übernachtete er sogar ständig dort. Er arbeitete umringt von Papieren und Gipsmodellen. Täglich organisierte er die Arbeitsverteilung an der Geburtsfassade, zeichnete Pläne für die Fassade oder für andere Teile des Gebäudes und ließ davon Gipsmodelle anfertigen. Anhand der dreidimensionalen Formen konnte er seinen Mitarbeitern erklären, wie er sich die zukünftige Arbeit vorstellte.

In diesen Jahren wurde der voranschreitende Bau der Sagrada Família immer mehr bekannt und erhielt viele Besuche von katalanischen und ausländischen Persönlichkeiten. Im Jahr 1921 segnete der Erzbischof von Tarragona, Kardinal Vidal i Barraquer, den Grundstein für die Säulen des Kirchenschiffs, begleitet von einer Riesenmenschenmenge auf dem Platz vor dem Tempel und einem Chor von tausend Sängern.

Aber nicht immer verlief alles problemlos in jenen Jahren. Im ersten Jahrzehnt des neuen Jahrhunderts verringerten sich die Spenden für den Bau der Kirche. Mehrmals mußte Gaudí höchstpersönlich einige reiche Persönlichkeiten in Barcelona aufsuchen und sie um Geld bitten,

um wenigstens seine Arbeiter bezahlen zu können. 1905 veröffentlichte sogar der Dichter Joan Maragall einen Zeitungsartikel, in dem er die Bevölkerung von Barcelona und Katalonien aufrief, finanziell die Fortführung der Bauarbeiten zu unterstützen.

Abschied von Gaudí

Ein immenser Trauerzug begleitet den Sarg auf seinem Weg vom alten Hospital de la Santa Creu in die Kirche der Sagrada Família. Gaudí war von einer Straßenbahn angefahren worden und drei Tage später, am 10. Juni, an den erlittenen Verletzungen gestorben.

–Was sind das für Glocken, die da läuten? –fragt der zwölfjährige Peter seinen Vater.

–Das sind zwei bronzene Röhrenglocken in den Glockentürmen, die ersten von achtzig oder mehr, die Gaudí für die Türme geplant hat und die später einmal eine Art Riesenorgel formen werden, die man in der Kirche spielen und in der Umgebung hören kann.

–Gaudí hatte wirklich tolle Ideen, Vater!

–Ja, das kann man wohl sagen. Er wollte alles genau so machen, wie er es für richtig hielt, selbst wenn es vor ihm noch niemand ausprobiert hatte. Und um seine Ideen zu realisieren, beobachtete und studierte er unermüdlich die Natur.

–Warum sind so viele Leute zu der Beerdigung gekommen?

–Gaudí war sehr beliebt. Den Menschen gefallen seine Gebäude, und wir Katalanen wissen die Hingabe zu schätzen, mit der er sich seiner Arbeit gewidmet hat, vor allem an der Sagrada Família; wir haben miterlebt, wie sie trotz aller Schwierigkeiten gewachsen ist.

Zerstörung und Rekonstruktion der Modelle

Nach Gaudís Tod beendeten von 1926 bis 1932 seine Mitarbeiter unter der Leitung des Architekten Domènec Sugrañes die drei noch fehlenden Turmspitzen der Geburtsfassade und vervollständigten einige Elemente der Fassade, wie die Brücke zwischen den beiden Haupttürmen und der Zypresse, wobei sie das Modell und die Anweisungen Gaudís als Vorlage nahmen. Der geplante Bau einer der beiden Sakristeien wurde durch die politischen Umstände verhindert.

Denn am 18. Juli 1936 gab es einen Militärputsch gegen die Republik, Auftakt zum spanischen Bürgerkrieg. Die revolutionären Wirren in Katalonien und anderen Gebieten führten dazu, daß unkontrollierte Gruppen viele Kirchen verbrannten und viele Priester und Ordensleute töteten. Die Sagrada Família war keine Ausnahme: In der Krypta wurde Feuer gelegt und das Material zerstört; die untersten Etagen der Geburtsfassade und die Schule brannten. Die Wohnung des Priesters unter Gaudis Atelier stürzte in den Flammen zusammen und zertrümmerte viele Modelle. Die Zeichnungen gingen verloren, aber da Gips glücklicherweise nicht brennt, blieb ein großer Teil der Fragmente erhalten. Eine Brigade der Stadtverwaltung sammelte sie ein und brachte sie in Sicherheit.

Nach dem Krieg wurde in den Jahren 1939 und 1940 die Krypta restauriert, damit sie wieder Gemeindekirche werden konnte.

Die Architekten, die in den letzten Jahren mit Gaudí zusammengearbeitet hatten, gingen daran, die Modelle zu restaurieren und sie mit ihrer Erfahrung und den von Gaudí erhaltenen Erklärungen aufzuzeichnen. Dabei stützten sie sich auf die geretteten Fragmente der Modelle und auf Fotografien, die man von den Originalen vor ihrer Zerstörung gemacht hatte.

Außerdem hatte Gaudí zum Glück die Sagrada Família nach Formen der Natur entworfen, die Konstruktion jedoch auf die Kombination gewisser geometrischer Formen gegründet, von denen einige recht seltsame Namen haben: Hyperboloid, Paraboloid, Helikoid, Konus, alles Formen, die den Mathematikern bekannt sind, die aber noch niemand konstruiert hatte. Das vereinfachte die Rekonstruktion: Gaudís Schüler untersuchten anhand der erhaltenen Fotografien, wohin die Gipsstücke im Modell gehörten, nahmen Maß und verlängerten sie in Gips in Übereinstimmung mit den geometrischen Formen.

Auf diese Weise stellten sie das Projekt Stück für Stück wieder her, zeichneten die Pläne und konstruierten ein neues Modell des Kirchenschiffs nach Gaudís hinterlassenen Anweisungen. Es wurde in dem Museum ausgestellt, das sie im Untergeschoß der Passionsfassade einrichteten. Dieses neue Modell ist wie Gaudís Original fünf Meter hoch, zehnmal kleiner als das fertige Gebäude und doch groß genug, daß man darunter hergehen kann. In einem anderen Untergeschoß bauten sie ein Modell in kleinerem Maßstab mit den Türmen, den drei Fassaden und dem Kirchenschiff.

Ab 1950 wurde die Besichtigung der Bauarbeiten möglich gemacht: man konnte auf die Türme steigen und sich anhand dieser zwei neuen und einem Teil der restaurierten Modelle eine Idee davon machen, wie die Kirche einmal aussehen würde.

In den vierziger und frühen fünfziger Jahren schritt der Bau nur langsam voran, denn es gab wenig Spenden wegen der kritischen wirtschaftlichen Lage.

Die Passionsfassade: Ziel der sechziger und siebziger Jahre

Anläßlich des Eucharistischen Kongresses 1952 wurden auf dem Gelände vor dem Tempel Gottesdienste gefeiert, wie es schon zu Gaudís Lebzeiten geschehen war. Zwei Jahre später -die Geburtsfassade war seit 1932 vollendet-, beschloß die Baukommission, die nächste Fassade anzugehen: die Passionsfassade. Gaudí war nicht mehr da, aber er hatte seinen Schülern seine Zeichnungen des Atriums und die Gipsmodelle der Turmspitzen erklärt und ihnen Informationen zu den Türmen gegeben. Die damit beauftragten Architekten waren der zweite Assistent Gaudís, Francesc de Paula Quintana, Isidre Puig Boada und Lluís Bonet Garí. Später kam noch Francesc de Paula Cardoner hinzu.

Wie die gesamte Sagrada Família, wurde auch der Bau dieser neuen Fassade durch freiwillige Spenden ermöglicht. Die größte Spende kam von einem Mann namens Sayrols, einem Mexikaner mit katalanischen Vorfahren, der unbedingt einen ganzen Turm finanzieren wollte. Den Rest des Geldes erbrachten die Mitglieder des Patronats, andere Gönner und die Bevölkerung von Barcelona anläßlich der alljährlichen Sammelaktion, die damals begann. Jedes Jahr rief ein Slogan zur Spende auf und informierte über den Fortschritt der Bauarbeiten: „Eure Spende garantiert ein Jahr Arbeit", „So wird die Kirche aussehen -Gaudís und Euer Verdienst", „Gemeinsam werden wir sie beenden", „Schaut, wie sie wächst", „Sechs Türme mit Deiner Hilfe", „Und jetzt die Spitzen". Man kann wirklich sagen, daß die Kirche gemeinsam von allen gebaut wird.

1976 wurden die Türme und ein paar Jahre später die sechs schrägen Säulen des Atriums fertig.

Palmsonntag 1981

Peter und seine Enkelin Anna stehen auf dem Platz der Sagrada Família, wo vor der Passionsfassade mit den vollendeten Türmen die Segnung der Palmzweige stattgefunden hat.

–Welch eine Menschenmenge auf dem Platz! –bemerkt Anna.

–Ja, hier versammeln sich am Palmsonntag immer viele Leute. Auch zur Beerdigung von Gaudí gab es eine Menschenmenge. Ich begleitete damals deinen Urgroßvater und sah, wie die Türme an der Geburtsfassade wuchsen. Ich weiß noch, daß der erste, dem Heiligen Barnabas gewidmete Turm, bereits fertig war. Und jetzt gibt es schon vier weitere. Das ist unser Verdienst, das Verdienst der Menschen unserer Zeit. Und ich kann dir sagen, es gab viele Probleme, nicht nur technische, sondern auch finanzielle, und sogar Kampagnen gegen die Fortführung der Bauarbeiten. Aber Gaudí wollte, daß seine Nachfolger diese Fassade bauten und daß die Sagrada Família eines Tages beendet würde. Deshalb arbeitete er so hart und studierte und plante, was nach seinem Tod noch gebaut werden mußte. Dein Vater, Anna, hat mit der Büchse auf der Straße an den Spendensammlungen für diese Fassade teilgenommen.

–Wirklich? Opa, das hätte ich auch gerne gemacht!

Subirachs in der Sagrada Família

Nachdem das Atrium der Passionsfassade fertig war, ging es darum, die freien Stellen seitlich und über den Pforten mit den Skulpturen auszufüllen, die die Passion und den Tod Jesu darstellen. Gaudí hatte seinen Schülern gesagt, er würde nur den Symbolismus der Skulpturen, Fenster und dekorativen Elemente beschreiben, und in jeder historischen Epoche solle man dann die besten Künstler für die Ausführung wählen. Auf diese Weise wird die fertige Kirche das Ergebnis von Gaudís Ideen sein, die eine Vielzahl von Architekten und Baumeistern und Künstlern mit ihren Schöpfungen in jedem gegebenen Moment verwirklichen.

Den Auftrag für die Passionsfassade erhielt der Bildhauer Josep Maria Subirachs, einer der besten und bekanntesten Bildhauer seiner Zeit, der in der Nähe von León bereits eine große Skulptur von Jesus und den zwölf Aposteln geschaffen hatte. Wie seinerzeit Gaudí, richtete Subirachs, um besser arbeiten zu können, sein Atelier und seinen Wohnraum in der Sagrada Família ein. Im Verlauf

von fünfzehn Jahren entstanden dort zwölf Szenen mit rund hundert Skulpturen, die Passion und Tod Jesu zeigen und uns den Schmerz und die Dramatik dieser Geschehnisse vor Augen führen. Wenn ihr euch vor die Passionsfassade stellt, seht ihr zum Beispiel Christus mit seinen Jüngern beim Abendmahl; Judas küßt und verrät Jesus; Petrus verbirgt sich, um nicht entdeckt zu werden; der römische Statthalter Pontius Pilatus sitzt zu Gericht; der Weg nach Golgatha; und Christus am Kreuz an der höchsten Stelle des Portals. Subirachs hat auch für jeden Turm die Apostelfiguren geschaffen, die weiter oben stehen, sowie die

Himmelfahrt Jesu über dem Balkon, der die beiden Haupttürme verbindet. Diese Werke von Subirachs, die sich in die gaudianische Architektur einfügen, sind ein wertvoller Beitrag zum Gesamtwerk und zur Kunst des späten 20. Jahrhunderts.

Als Haupteingang für die Passionsfassade der Sagrada Família schuf Subirachs besonders originelle Bronzetüren mit einem gemeißelten Text; sie können wie die Seiten eines Riesenbuchs gelesen werden: es ist die Passionsgeschichte, wie die Bibel sie im Matthäus- und Johannes-Evangelium beschreibt. Auch den Haupteingang des Tempels hat Subirachs aus Bronze geschaffen und mit Buchstaben bedeckt: wenn ihr ihn euch näher anschaut, könnt ihr den vollständigen Text des Vaterunsers und den Satz „Unser täglich Brot gib uns heute" in fünfzig Sprachen lesen!

Der Bau des zentralen Kirchenschiffs

Als 1982 Papst Johannes Paul II. die Sagrada Família besuchte, betrat er die Kirche durch die Geburts- und die Passionsfassade, gelangte aber in einen leeren Raum ohne Dach, unter freiem Himmel, denn die Kirchenschiffe mußten erst noch gebaut werden. Eine einzige Säule, errichtet im Jahr 1956, war neben der Passionsfassade zu sehen.

In den achtziger Jahren begann der Bau der Fenster und Fassaden und 1987 wurden die Fundamente für die Säulen gelegt. Seitdem leitet der Architekt Jordi Bonet die Bauarbeiten, die auf dem von Gaudí in seiner Werkstatt hinterlassenen großen Modell basieren. Mit der Hilfe von Gipsmodellbauern haben die Architekten die zahlreichen erhaltenen Fragmente und restaurierten Modelle studiert, weitere Modelle restauriert und die aus Fotografien zu gewinnenden Informationen analysiert. Sie folgten den Hinweisen aus Büchern von Gaudís Schülern und der Kopie, die sie von Gaudís Modell gemacht hatten. Dank all dieser Informationen und mit Hilfe der Computertechnik wurden Gaudís Modelle und Zeichnungen ausgewertet. Auf die gleiche Weise wurden Steinsäulen und andere Teile des Bauwerks konstruiert.

Wie bereits gesagt, hatte Gaudí das Projekt der Kirchenschiffe nach ganz klaren Gesetzen ausgearbeitet, damit es für die Architekten verständlich sei und der Bau auch ohne ihn weitergehen konnte.

Ein gutes Beispiel ist die Struktur der Kirchenschiffe: Schräge Säulen, die Bäumen gleichen, teilen sich in verschiedenen Höhen auf, um die unterschiedlich hohen Deckengewölbe und das Dach zu tragen. Es gibt zweiundzwanzig Arten von Säulen, die sich in Form, Umfang und Länge unterscheiden je nach dem Gewicht und dem Element, das sie zu tragen haben. Gemeinsam tragen die auf verschiedenen Ebenen gruppierten Säulen das Gewicht des gesamten Bauwerks.

TV3
BBC
Santus
Santus
San
santus
santus
santus
santu
santus
san

Es handelt sich hier um eine ganz neue Art von Säulen, die Gaudí erfunden hat: während sie in die Höhe wachsen, verwandeln sie sich. Die Basis mag viereckig, rechteckig, fünfeckig oder sternförmig sein, immer endet die Säule als Rundform. Diese Säulen verteilen und verästeln sich in alle Richtungen, wodurch ein komplexes und originelles Gewebe entsteht, das an einen Baum mit Ästen oder an eine Hand mit Fingern erinnert.

Die Kirchenfenster und die Gewölbe zwischen den Säulen lassen viel Licht herein. Gaudí wählte eine einzige geometrische Form für diesen Lichtzugang: das Hyperboloid. Darunter müßt ihr euch eine Art doppelten Trichter vorstellen, der ein Maximum an Außenlicht ins Innere verteilt. Und all diese Hyperboloide gleichen an den Spitzen zusammengesteckten Sternen, die an den Gewölben und an den Fenstern hängen.

Die Deckengewölbe sind zum Teil weiß, aus hellem Beton, und zum Teil wurden sie nach der traditionellen katalanischen Gewölbetechnik aus Backstein gebaut. Zwischen den Backsteinen erscheinen als Dekoration grüne und goldene Glasscherben, die Palmblätter darstellen.

Gaudí definierte das Innere der Sagrada Família als Wald, mit Baumstämmen, deren Knoten, vielfältigen Zweigen und Blättern im Gewölbe, wo das einfallende Sonnenlicht sich in alle Richtungen hin reflektiert, genau wie in einem hohen und dichten Wald. Um das Licht noch besser zu verteilen, dachte er sich kleine Metallaternen aus, die an den Lichteingängen der Gewölbe hängen.

Zu beiden Seiten des Hauptschiffs entwarf Gaudí eine 15 bis 20 Meter hohe Empore und eine abfallende Tribüne für einen Chor von siebenhundert Stimmen, die den Innenraum der Kirche mit Musik ausfüllen werden. Musik und Gesang waren Gaudí sehr wichtig; deshalb plante er auch einen Kinderchor für die Apsis und zwei große Orgeln von 45 m Höhe zusätzlich zu den Glocken der Türme, die auch im Innenraum gespielt werden können.

Die Ausführung der Kirchenfenster wurde dem Künstler Joan Vila-Grau übertragen. 2001 beendete er das erste Fenster für den Innenraum, das große Mittelfenster der Passionsfassade, der Auferstehung Jesu gewidmet. Anschließend schuf er die Glasfenster für das Querschiff und die Apsis und entwarf das allgemeine Projekt für die Fenster des Hauptschiffs, die jetzt hergestellt werden. Der Künstler selbst sagt, daß die Fenster eine Art „Farbensymphonie“ sind, denn jede Farbe ist eine Note, die Tiefe und Nähe, Konstrast und andere Gefühle im Betrachter erwecken. Die Schattierungen

des Glases, wenn es von der Sonne beleuchtet wird, verleihen den außergewöhnlichen Fenstern Gaudís weiteren Reiz und färben den Innenraum je nach Stand der Sonne mit immer neuem Licht.

Auf der Außenseite münden die Fenster in farbigen Skulpturen: Obst aller Jahreszeiten (Mispeln, Kirschen, Mandeln, Apfelsinen, Granatäpfel, etc.) und Trauben und Ähren, die Brot und Wein des Abendmahls symbolisieren.

Schon während der Bauzeit fanden verschiedene öffentliche Feiern in der Kirche statt.

Am 31. Dezember 2000, dem Fest der Heiligen Familie, wurde eine Messe zelebriert, präsidiert von Ricard M. Carles, Erzbischof von Barcelona, nachdem das Hauptschiff ganz und das Querschiff teilweise beendet waren. Und alljährlich finden zu Weihnachten und anläßlich der Spendensammlung und des Tags der Offenen Türen im Juni Kulturveranstaltungen statt.

Die Jahre vergehen, das Gebäude wächst, und das Interesse der Welt am Bau der Sagrada Família nimmt immer mehr zu. Die Präsidenten so unterschiedlicher und entfernter Länder wie Frankreich, Portugal, Tschechien, Irland, Amerika oder China haben alle dem Tempel einen Besuch abgestattet.

Bau der Gewölbe des Querschiffs und der Apsis

Nach der Fertigstellung der Kirchenschiffe ging es ununterbrochen weiter mit den Bauarbeiten an der Sagrada Família: 2010 wurde der Innenraum der Kirche fertig, mit den Säulen und Gewölben des Querschiffs -das mit dem Hauptschiff ein Kreuz bildet- und der Apsis, die auf den Zeichnungen Gaudís und den Formen und Gesetzen des Hauptschiffs basieren.

Wenn ihr jetzt im Innenraum nach oben blickt, seht ihr, daß die 60 Meter hohen Gewölbe des Querschiffs und der Apsis große Luken haben, durch die das Licht scheint. Die Luke der Apsis in 75 Meter Höhe ist als Bildnis des Himmels blau dekoriert und enthält ein vergoldetes Dreieck, das Gott repräsentiert. Im Querschiff gibt es fünfundzwanzig solcher Luken; die Luke in der Mitte hat goldene Strahlen.

Inzwischen sind auch alle anderen Elemente fertig geworden, die zur Apsis gehören: der Chorraum, zwei Meter erhöht in der Mitte der Apsis, wo der Altar steht unter dem mit Ähren und Weinreben dekorierten hängenden Baldachin; der Bischofsstuhl; Bänke für die konzelebrierenden Priester und der etwas erhöhte Ambo für die Lesungen.

Zwei große Wendeltreppen und Fahrstühle zu beiden Seiten der Apsis führen zu den verschiedenen Etagen und in die Krypta.

Nun ist also endlich, einhundertachtundzwanzig Jahre nachdem die Krypta begonnen wurde, das Kircheninnere fertig geworden. Vier Riesenkräne und die Tatsache, daß große Bauteile vorgefertigt montiert werden konnten, haben die Arbeit vorangetrieben.

Am 7. November 2010 wurde die innen vollendete Kirche von Papst Benedikt XVI. geweiht. Er wurde begleitet vom Erzbischof von Barcelona, Kardenal Lluís Martínez Sistach, einer großen Zahl von Kardenälen und Erzbischöfen und 7.000 Gläubigen. Ein denkwürdiger Tag!

Dieser außergewöhnliche Ort, den Gaudí für den Gottesdienst schuf und für alle, die angesichts seiner Schönheit sich dort voll Bewunderung zum Nachdenken und Beten eingeladen fühlen, ist nun tatsächlich eine Realität.

„Das Innere ist wie ein Wald“

Am 13. November 2010 betritt Anna mit ihrem zwölfjährigen Sohn Arnau die Kirche.

–Arnau, was meinst du dazu?

–Es sieht gar nicht wie eine Kirche aus, sondern wie ein Wald! Wo man auch hinschaut, überall ist Licht. In jede Richtung gibt es Säulen, wie in einem Wald voller Bäume, Zweige und Blätter! Und hier in der Mitte, das ist riesenhoch!

–Ja, es erweckt ein Gefühl der Ruhe, der Stille... Du hast recht, es ist wie ein Wald, denn Gaudí studierte die Natur, um seine Architektur zu entwickeln.

–Und was fehlt jetzt noch?

–Ach, Arnau, eine ganze Menge! Aber mehr als die Hälfte ist fertig. Dein Urgroßvater erlebte den Bau der Geburtsfassade, dein Großvater den der Passionsfassade, und du wirst das Ende der Bauarbeiten erleben. Vielleicht sogar ich. Ich habe etwas von 2026 gehört, das wäre Gaudís 100. Todestag. Aber alles hängt davon ab, ob die Gönner der Kirche und die Besucher das nötige Geld aufbringen können.

Fortführung bis zur Fertigstellung der Kirche

Es gibt noch viel zu tun an der Sagrada Família. Zur Zeit arbeiten ungefähr dreißig Architekten und Techniker an den Elementen, die sich noch im Bau befinden. Inzwischen ist eine der Sakristeien fertig geworden, die fast 40 Meter hohen Kuppeln an beiden Ecken der Provença-Straße; sowie ein großer Raum über den Gewölben des Querschiffs, der die Basis für den Turm in der Mitte bildet.

Danach konnte mit dem Bau des höchsten Turms begonnen werden, und auch die 2008 und 2009 begonnenen fünf mittleren Türme streben empor.

Der Turm in der Mitte endet in einem vierarmigen Kreuz: so immens, daß man hinaufsteigen und die Stadt aus der Sicht des Himmels betrachten kann.

Die restlichen Türme sind den vier Evangelisten gewidmet und jeder trägt das Symbol seines Evangelisten: einen Engel, einen Adler, einen Ochsen und einen Löwen; den Turm der Apsis schmückt der Morgenstern, Symbol der Muttergottes.

Noch ein weiteres großes Werk fehlt: die Fassade der Gloria mit ihren vier Glockentürmen und der riesigen, wunderbaren, monumentalen Säulenvorhalle aus sechzehn großen Hyperboloiden, die an Trompeten oder Orgelpfeifen erinnern, und von der Gaudí ein Gipsmodell hinterließ. Diese Fassade soll mit Skulpturen und anderen Kunstwerken dekoriert werden und Jesu Lehren für die Menschen darstellen. Die acht Säulen, zum

Beispiel, die die Türme und die Vorhalle tragen, verkünden die acht Seligpreisungen („Selig sind die Sanftmütigen", „Selig sind die Friedfertigen").

Um die Kirche zu vollenden, die Gaudí für die Stadt Barcelona geplant hat, damit die Menschen sich hier versammeln und beten können, fehlt noch das Baptisterium, die Kapelle des Allerheiligsten, eine kleine Kapelle hinter der Apsis und die zweite Sakristei.

Gaudí hat gesagt, daß Menschen aus aller Welt herbeikommen würden, um zu sehen, was er gebaut und ersonnen hat. Und so ist es in der Tat heute. Fast zweieinhalb Millionen Menschen aus aller Welt besuchen jedes Jahr die Sagrada Família, erfreuen sich an seinem Werk und ermöglichen seine Fortsetzung. Werden wir uns wiedersehen, wenn die Kirche fertig ist? Wir erwarten dich!